This book belong to

A is for

ant

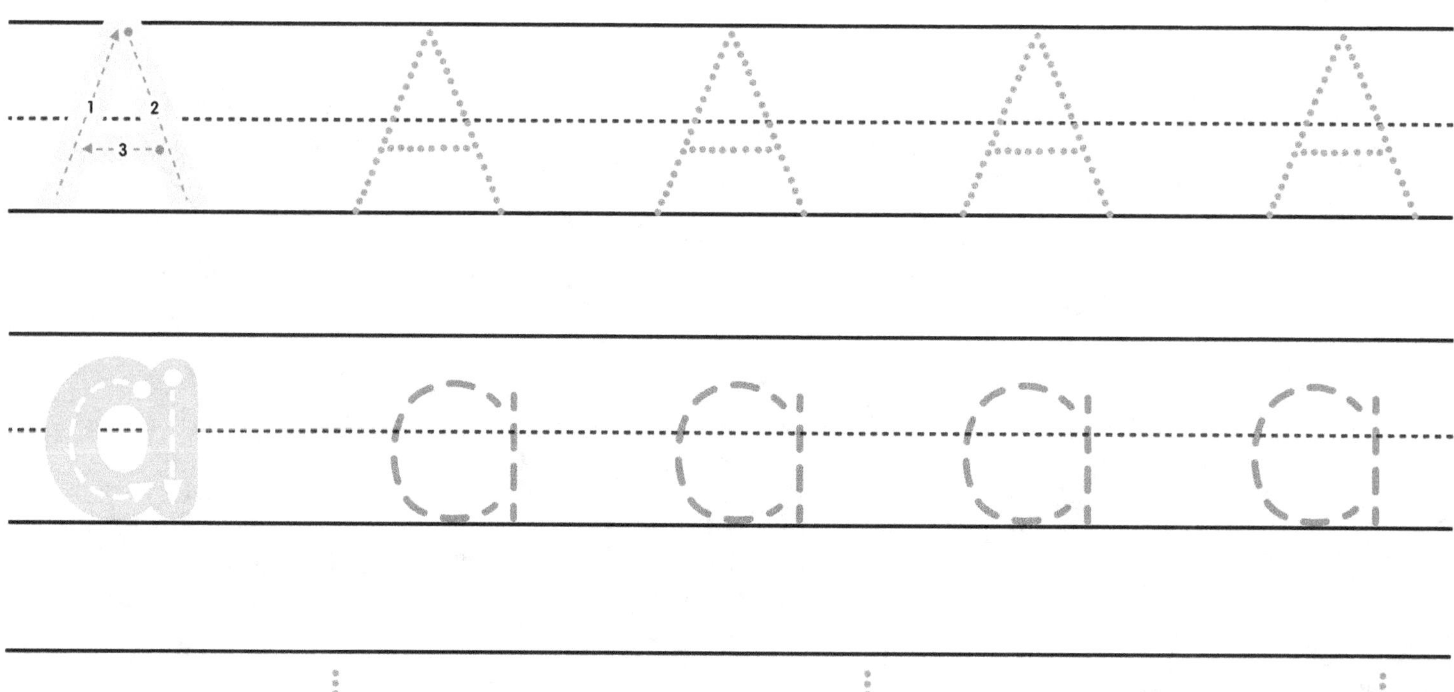

ant ant ant

ant ant ant

ant ant ant

ant

B is for

b

bird bird

bird bird

bird bird

bird

C is for

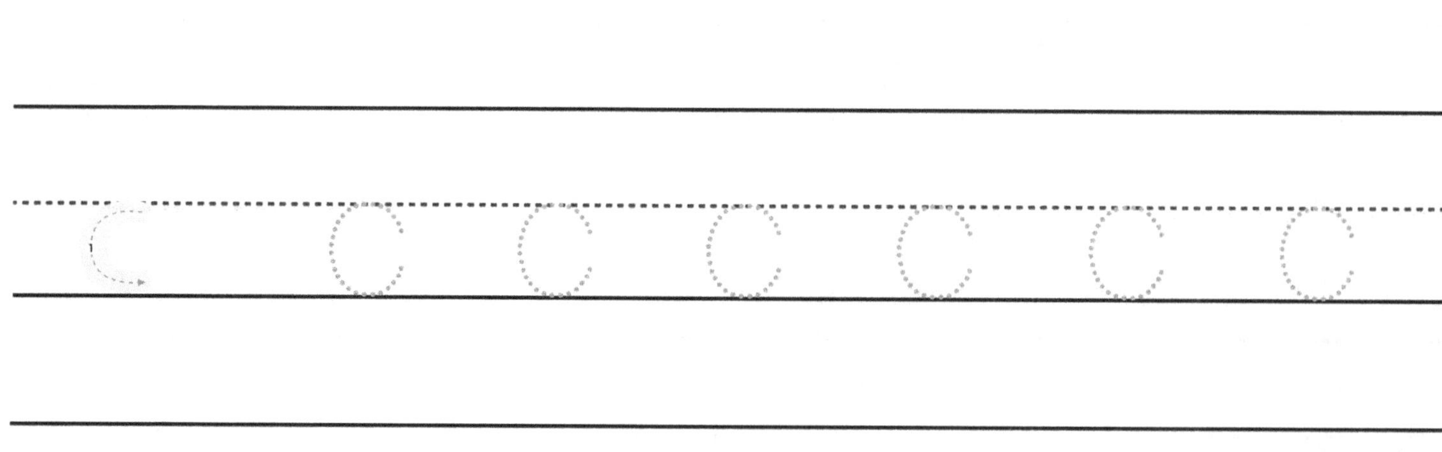

cat

cat cat cat

cat cat cat

cat cat cat

cat

D is for

Dog

dog dog dog dog

dog dog dog dog

dog dog dog dog

dog

E is for

2

1 3

4

elephant
elephant
elephant

F is for

Frog

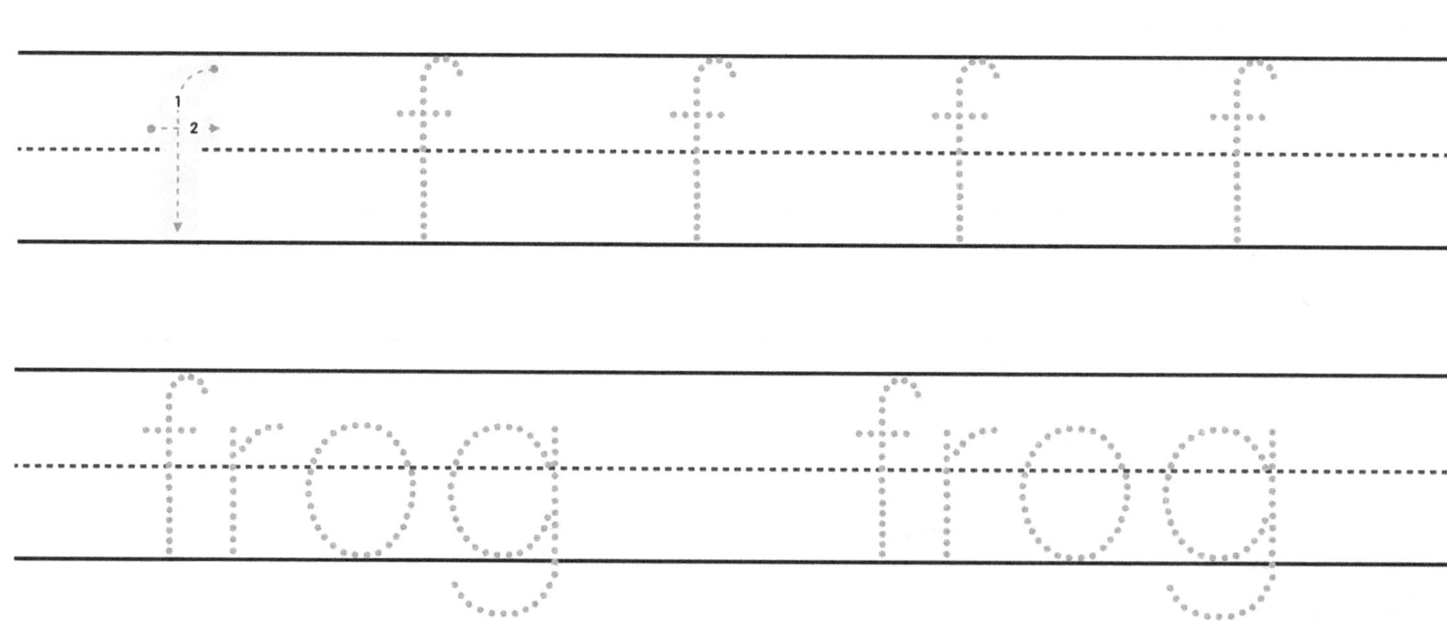

2

1 3

frog frog

frog frog

frog frog

G is for

Giraffe

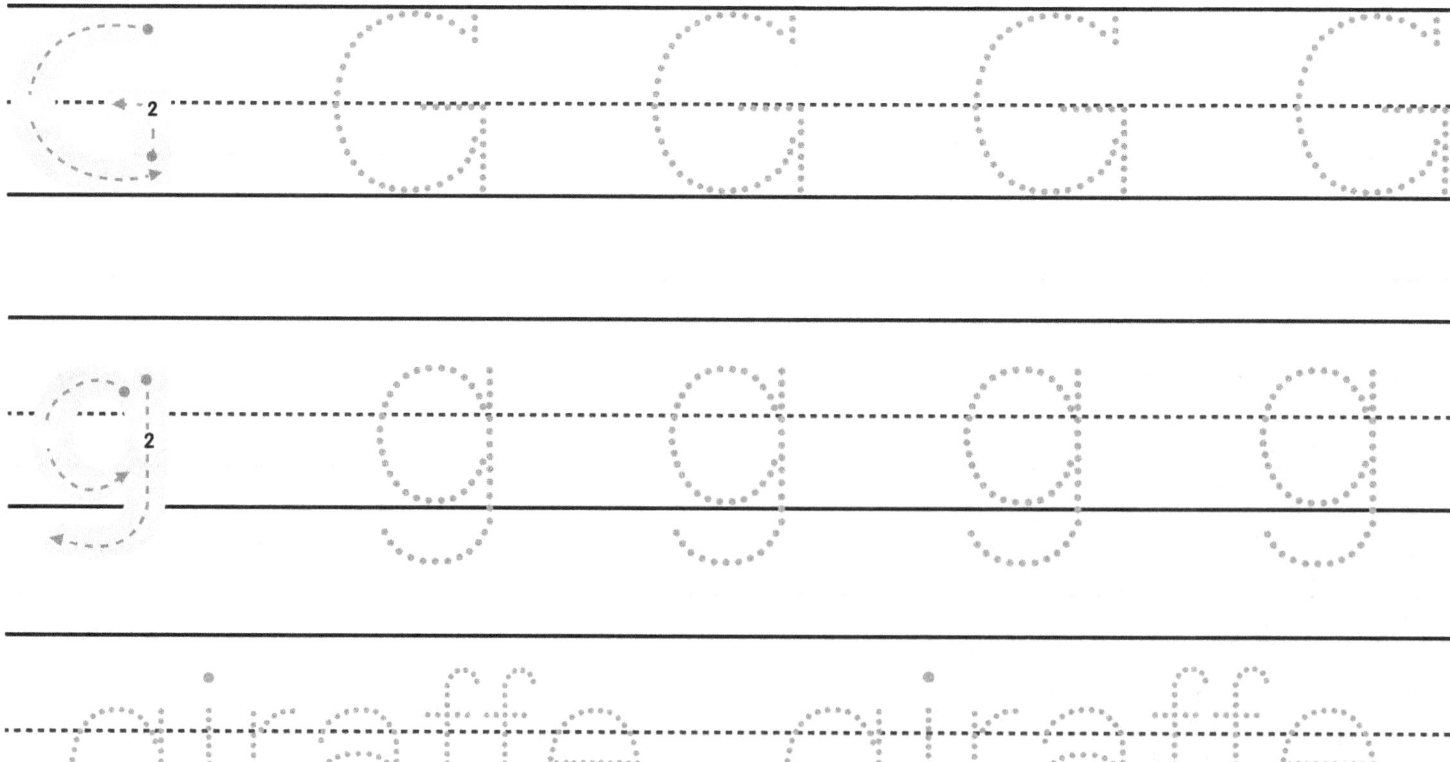

giraffe giraffe

giraffe giraffe

giraffe giraffe

H is for

Hippo

1 2
3

hippo hippo

hippo hippo

hippo hippo

I is for

Insect

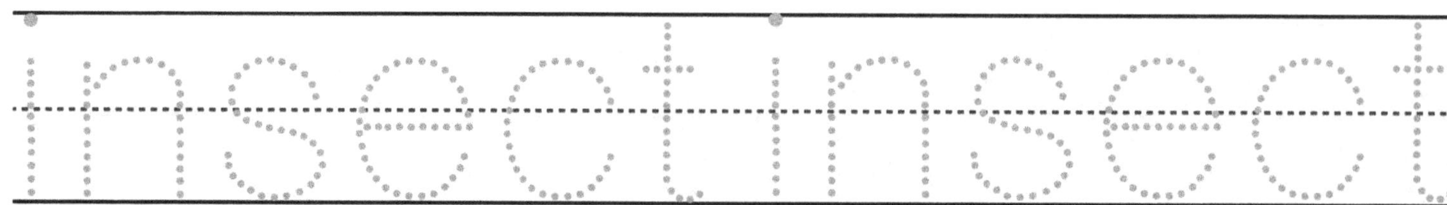

2

1

3

insect insect

insect insect

insect insect

J is for

J nsect

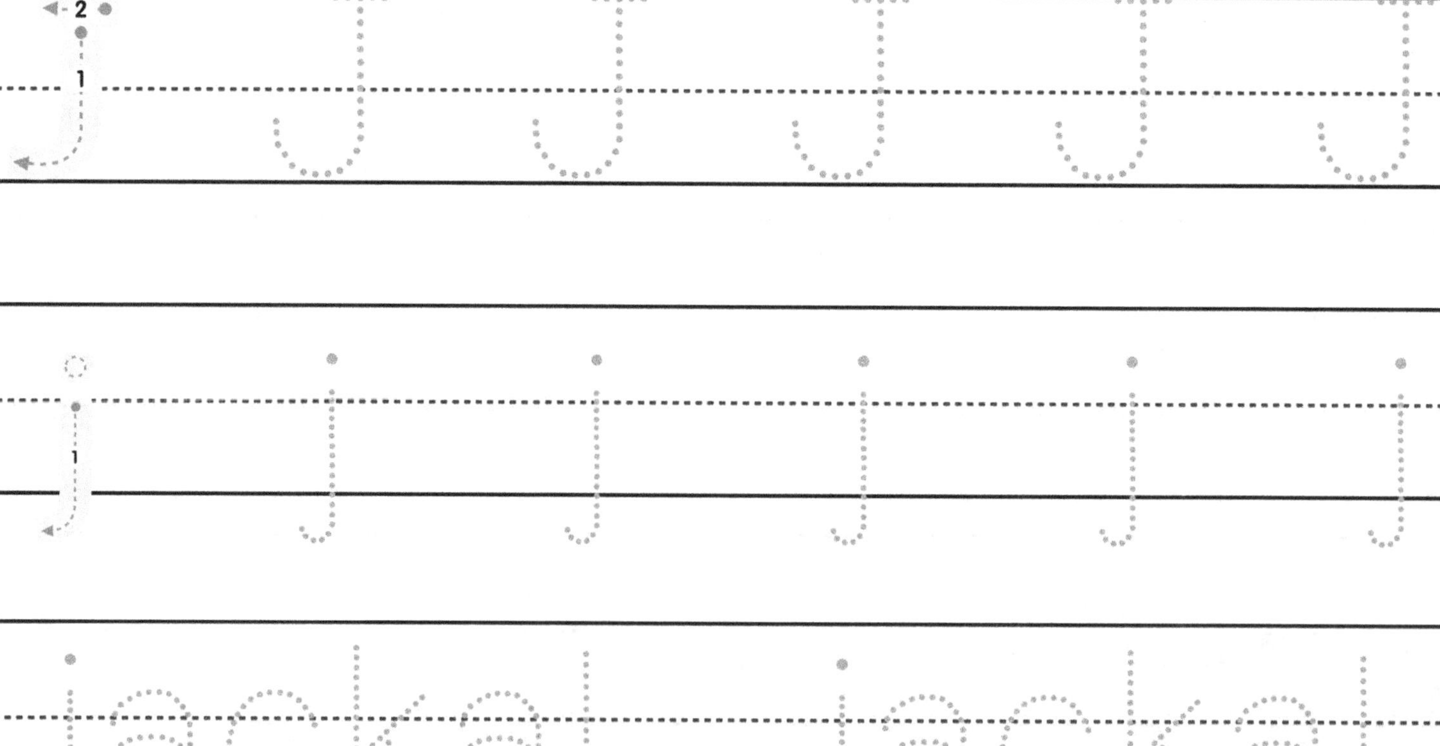

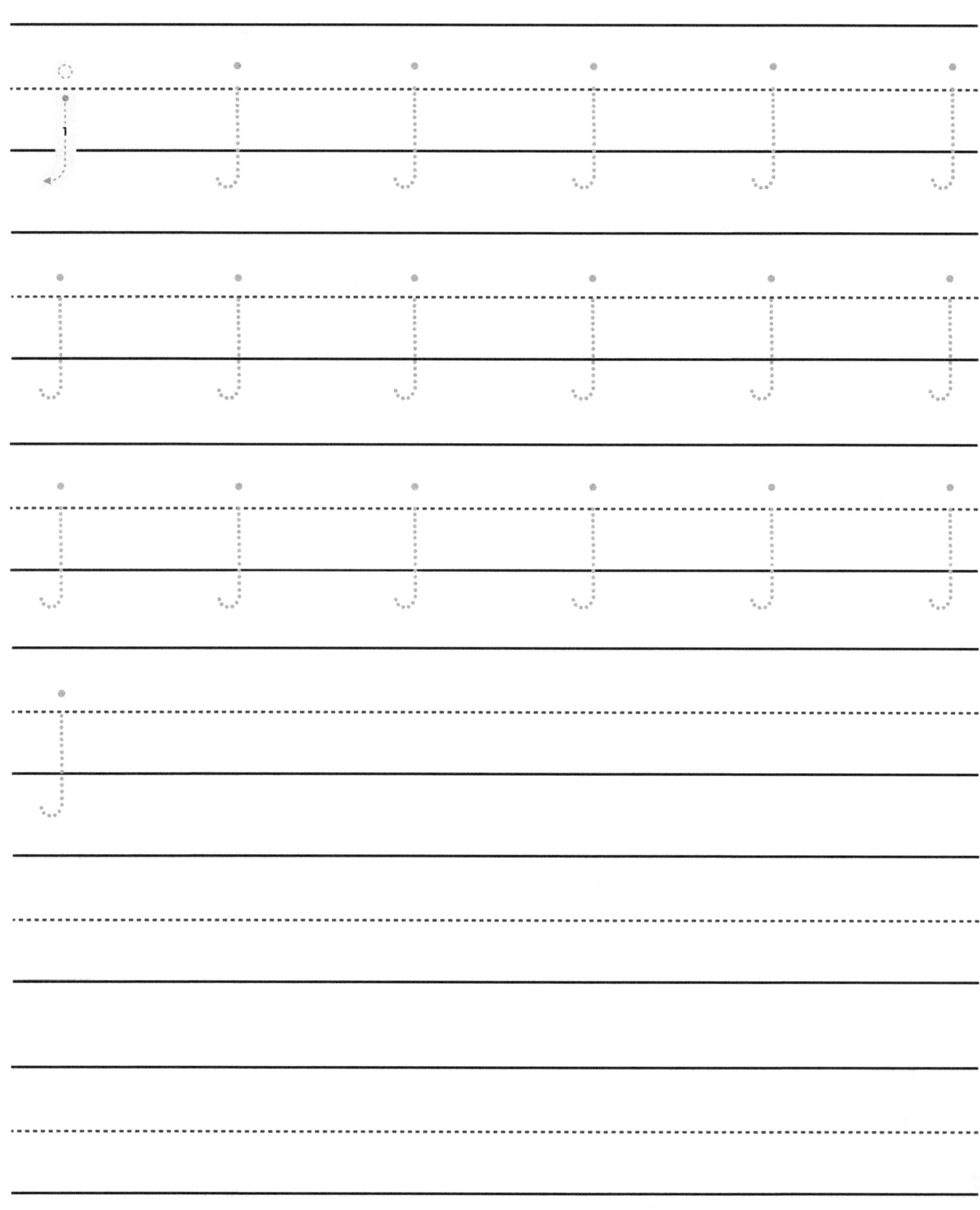

jackal jackal

jackal jackal

jackal jackal

K is for

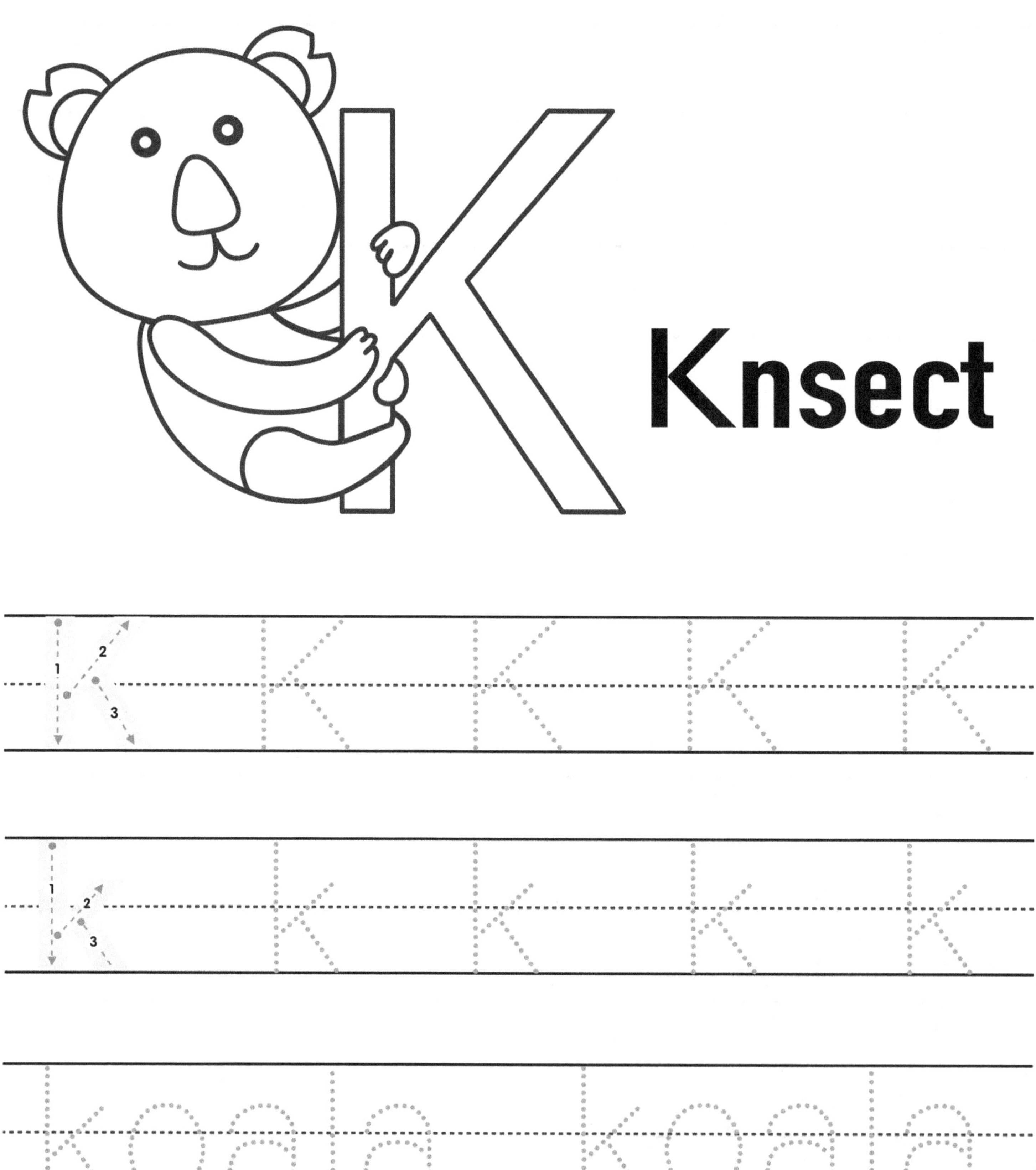

Knsect

koala koala

koala koala

koala koala

koala koala

L is for

Lion

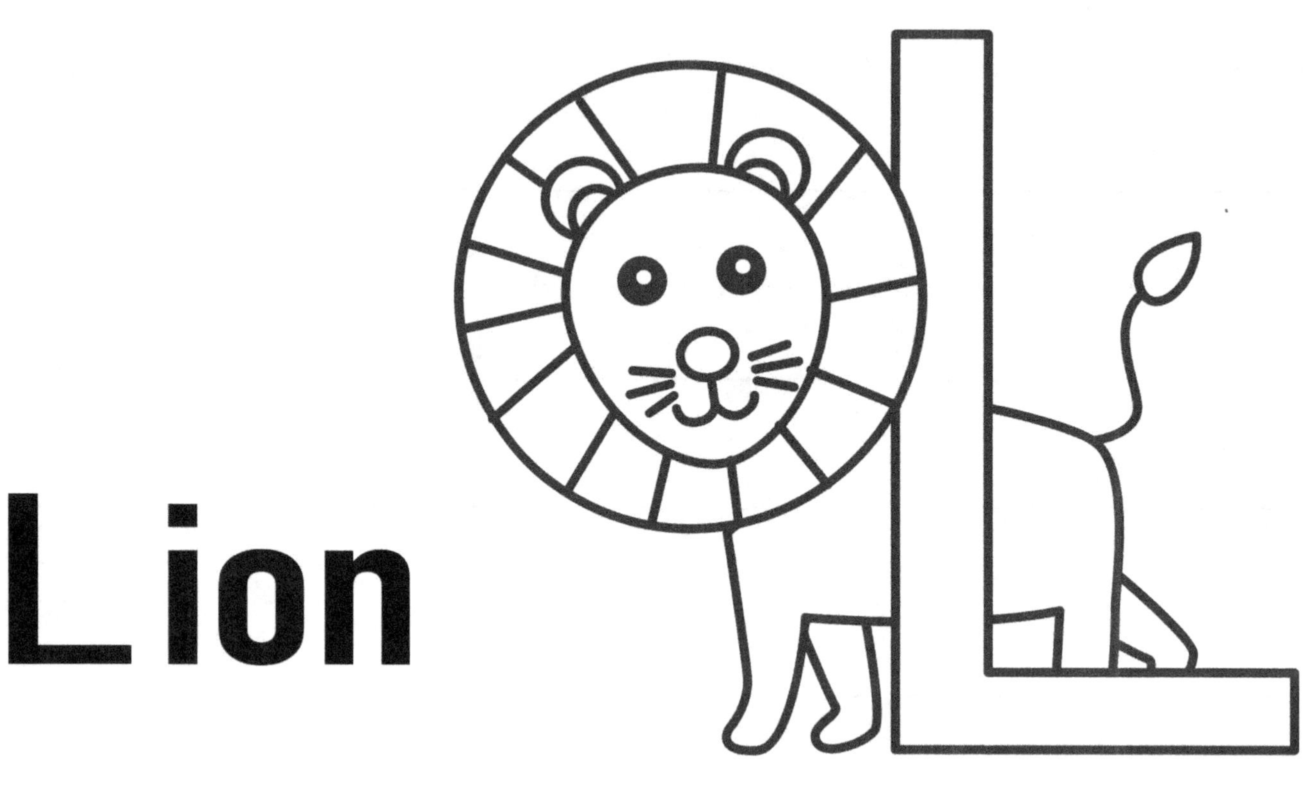

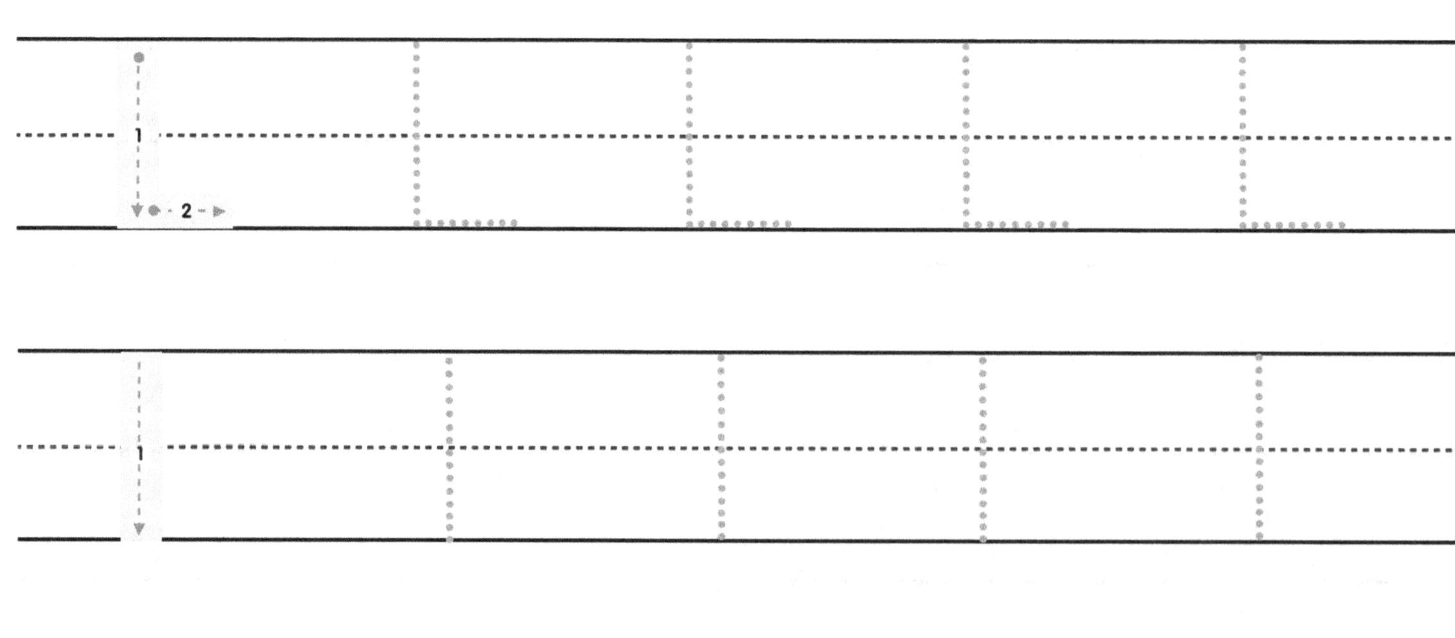

1

lion lion lion
lion lion lion
lion lion lion

M is for

Monkey

monkey
monkey
monkey

N is for

Newt

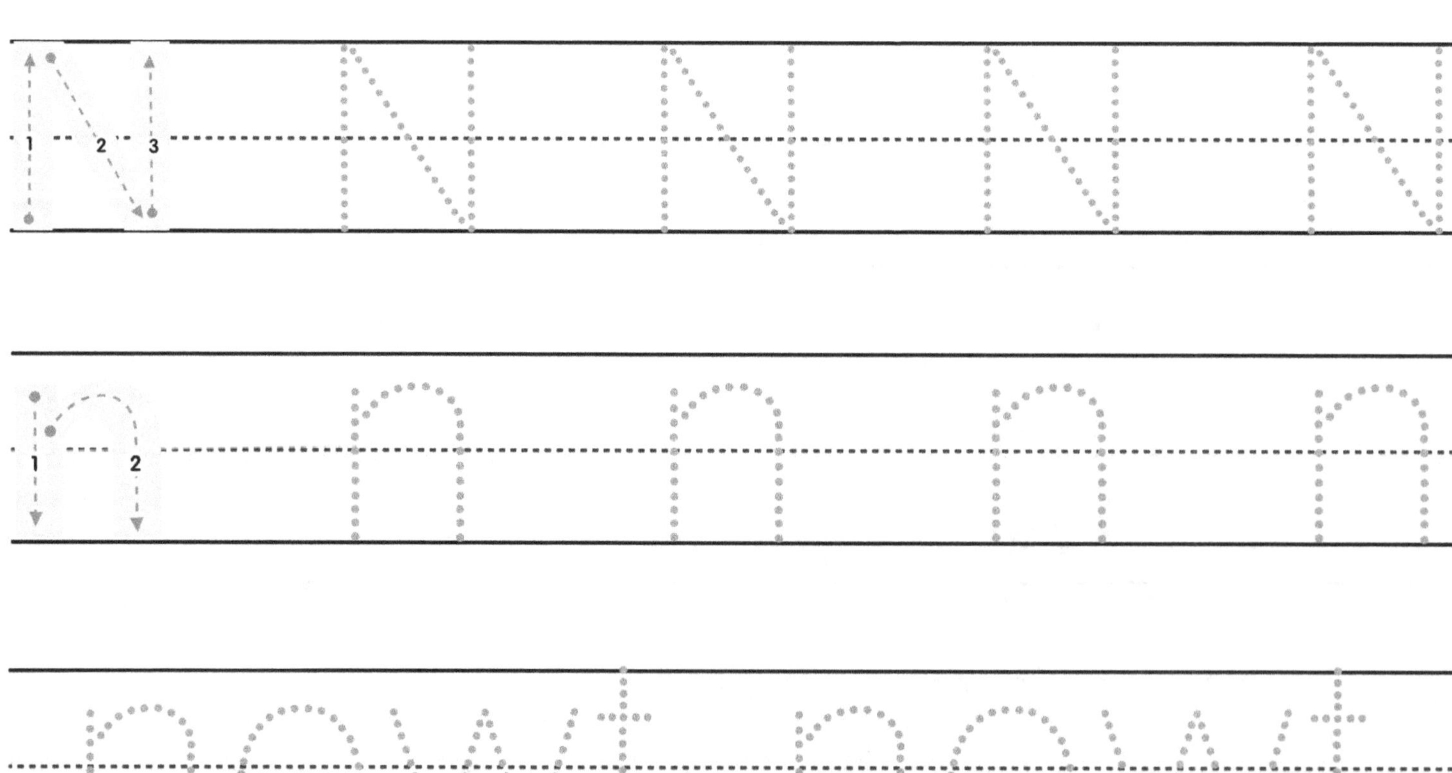

newt newt
newt newt
newt newt

O is for

Octopus

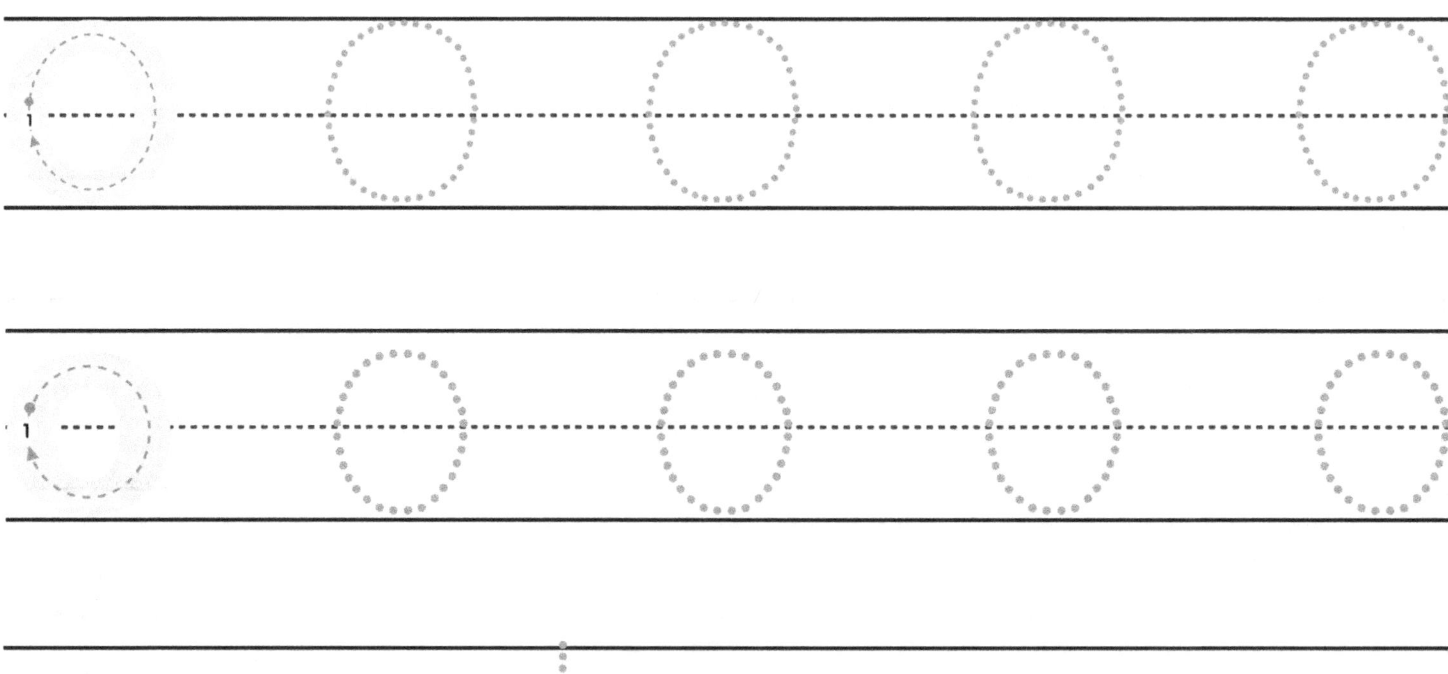

octopus
octopus
octopus

P is for

Panda

1   2

p p p p p

p p p p p

p p p p p

p

panda panda panda

panda panda panda

panda panda panda

Q is for

Quoll

quoll quoll

quoll quoll

quoll quoll

R is for

Rabbit

rabbit   rabbit

rabbit   rabbit

rabbit   rabbit

S is for

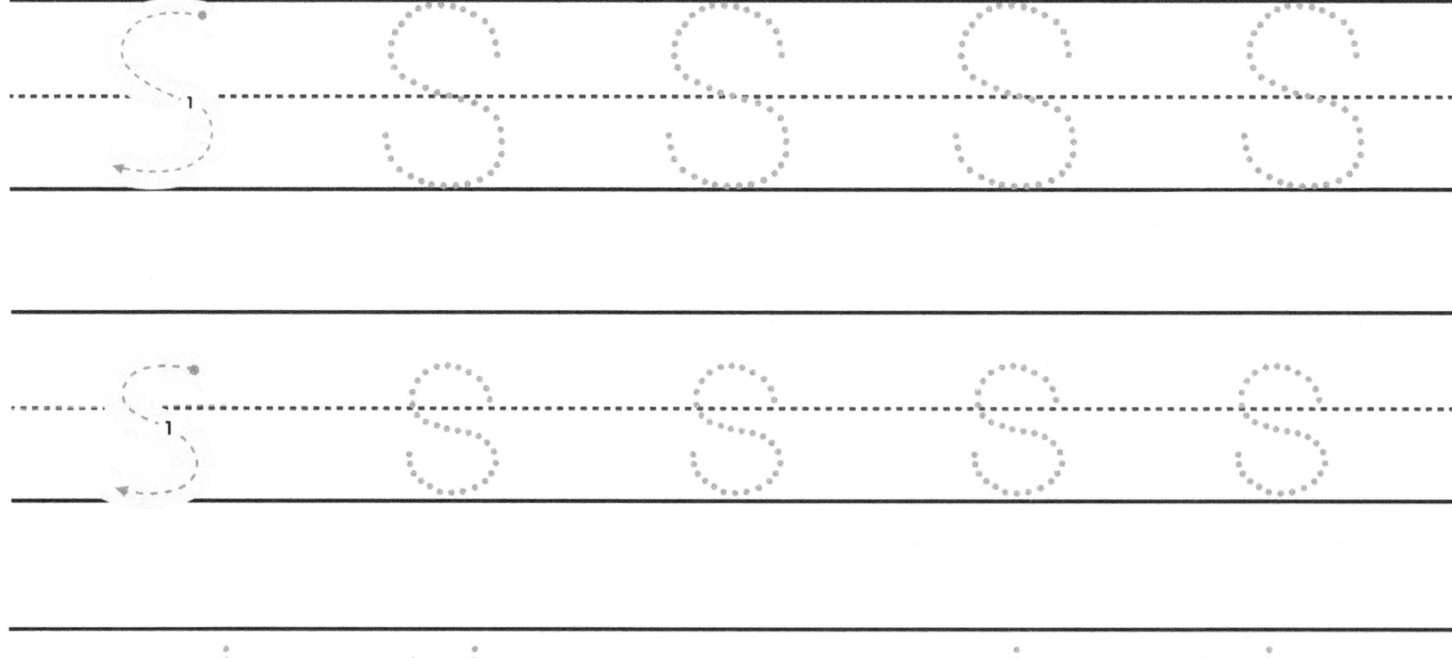

Sloth

sloth sloth

sloth sloth

sloth sloth

T is for

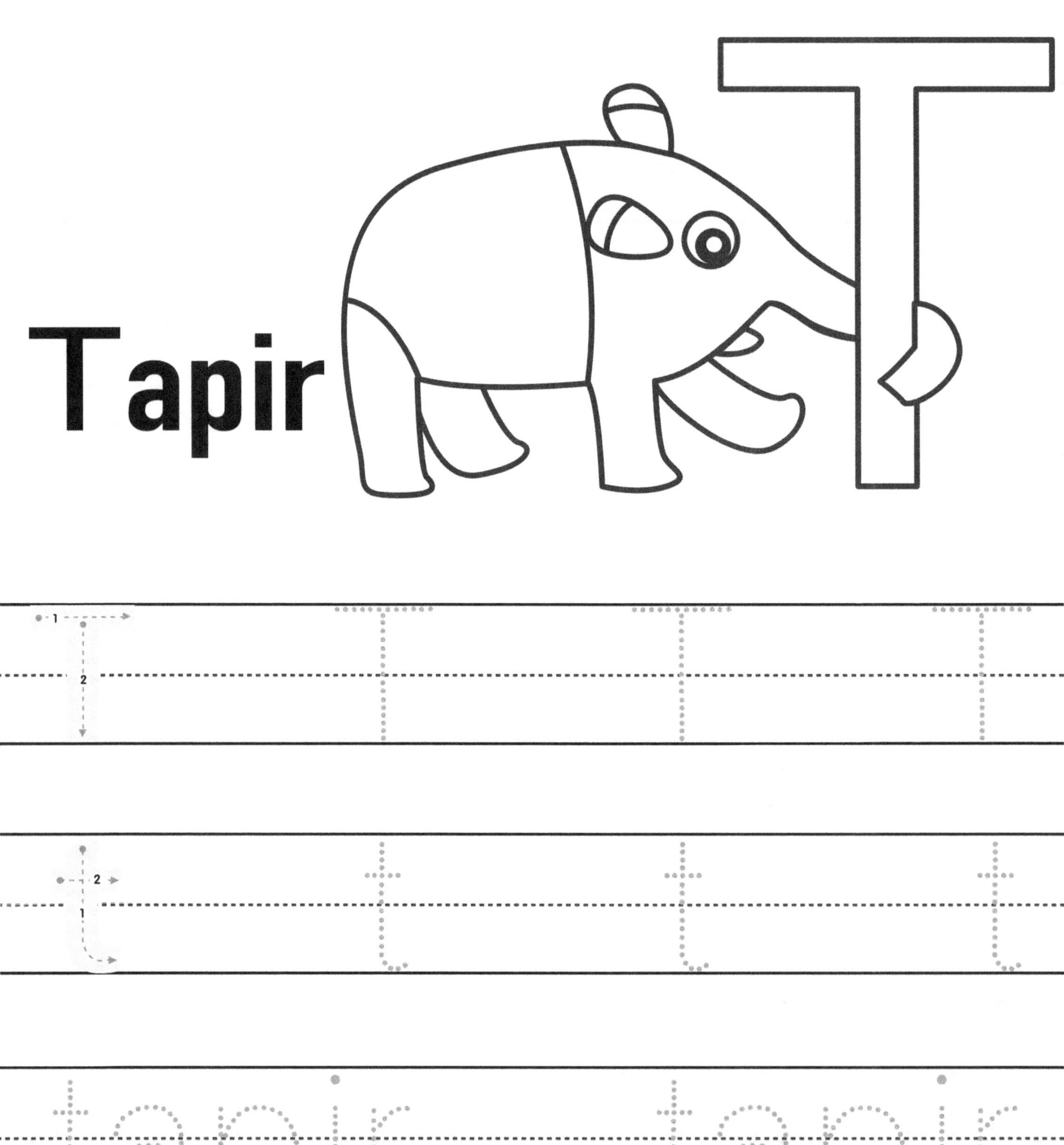

Tapir

1

2

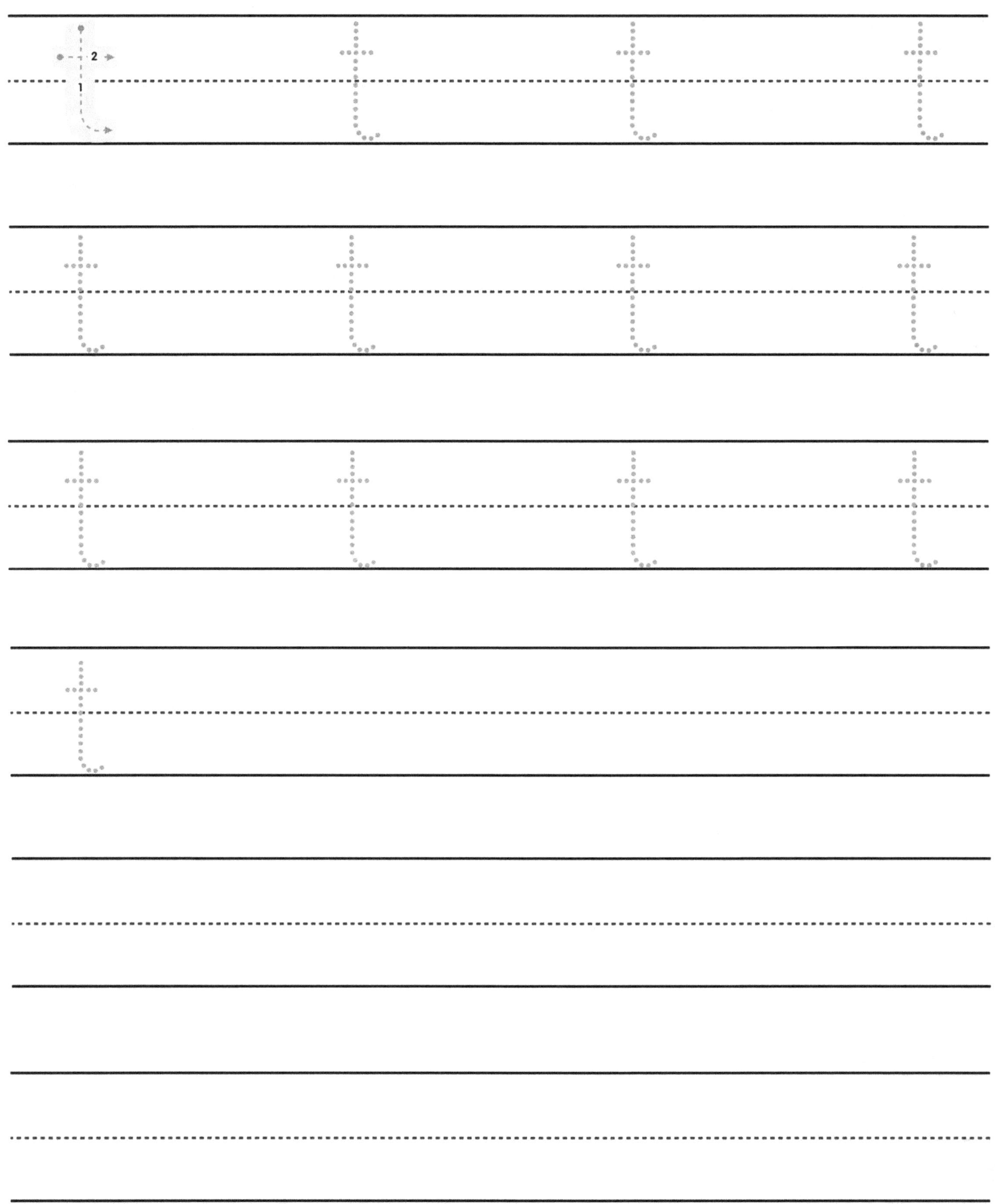

tapir   tapir

tapir   tapir

tapir   tapir

U is for

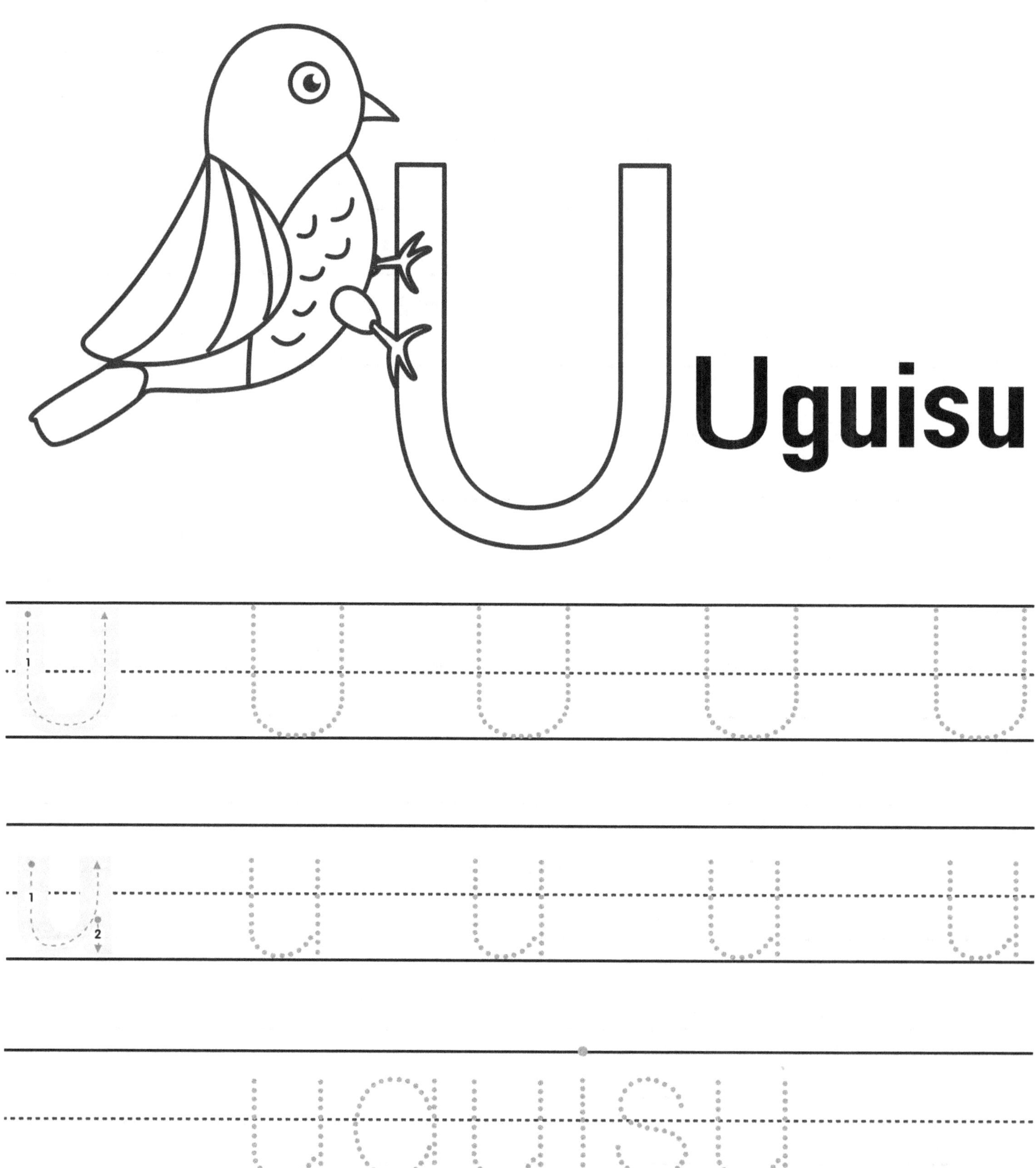

Uguisu

uguisu
uguisu
uguisu

V is for

Vervet
monkey

vervet mokey

vervet mokey

vervet mokey

vervet mokey

W is for

1 2 3 4

1 2 3 4

worm worm worm

worm worm

worm worm

X is for

Xerus

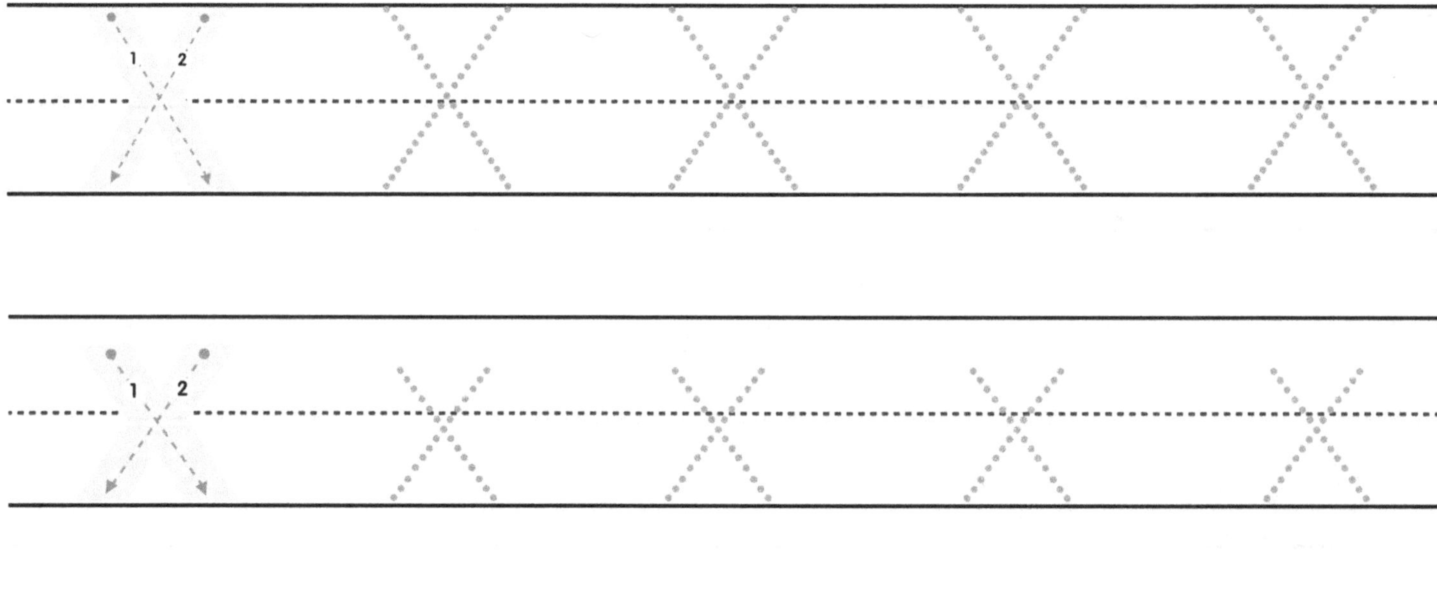

xerus xerus

xerus xerus

xerus xerus

Y is for

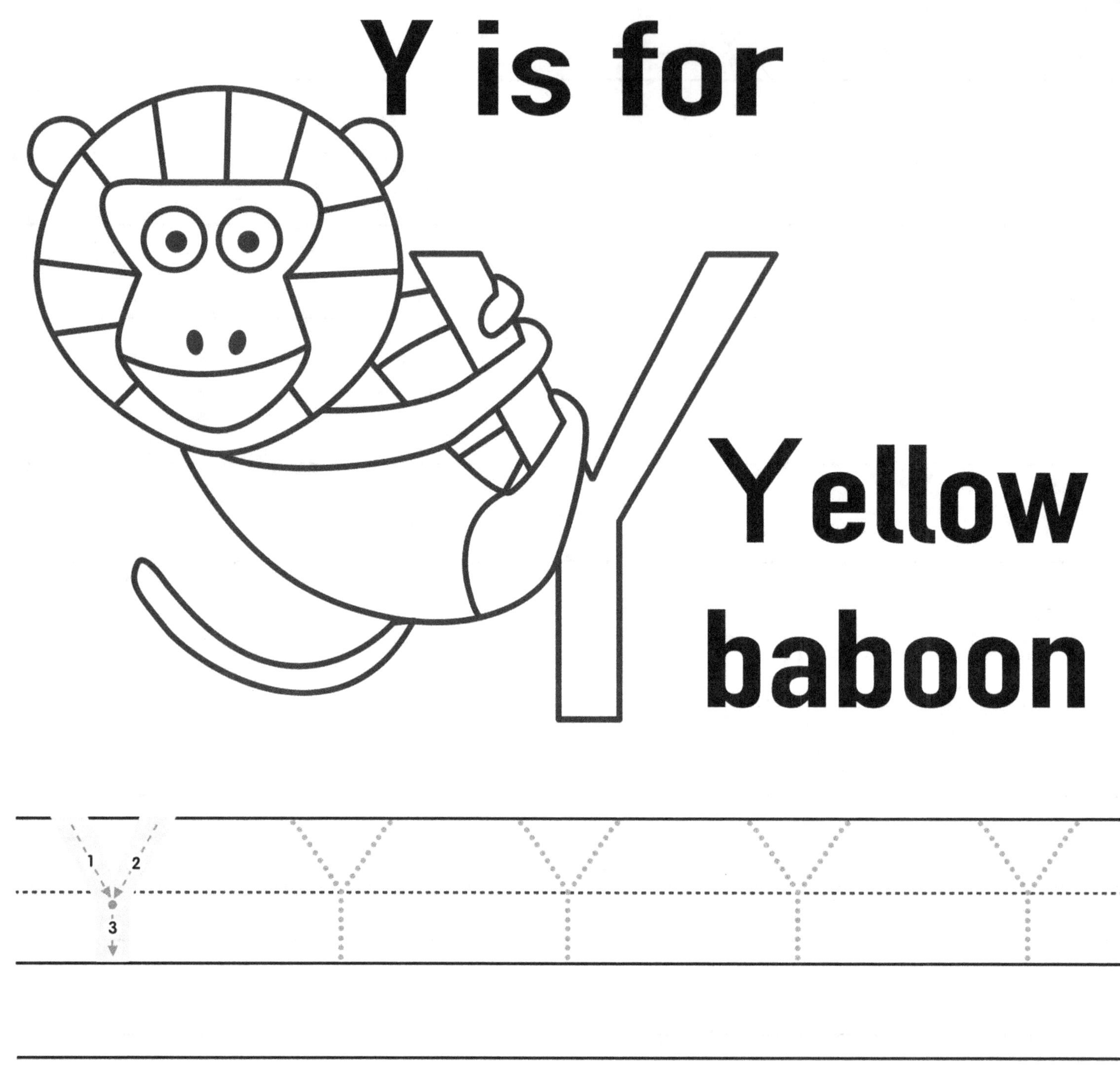

Yellow baboon

yellow baboon

yellow baboon

yellow baboon

Z is for

Zebu

1
2
3

zebu zebu
zebu zebu
zebu zebu